ɹentes primarias de la expansión hacia el Oeste

# El ferrocarril transcontinental

Budd Bailey
Traducido por Christina Green

Cavendish Square
New York

Published in 2018 by Cavendish Square Publishing, LLC
243 5th Avenue, Suite 136, New York, NY 10016



First Edition



CPSIA Compliance Information: Batch #CS17CSQ

All websites were available and accurate when this book was sent to press.

Library of Congress Cataloging-in-Publication Data

Names: Bailey, Budd, 1955- author.
Title: El ferrocarril transcontinental / Budd Bailey, translated by Christina Green.
Description: New York : Cavendish Square Publishing, 2018. | Series: Fuentes primarias de la expansión hacia el Oeste | Includes bibliographical references and index.
Identifiers: LCCN 2016047021 (print) | LCCN 2016048247 (ebook) | ISBN 9781502628954 (library bound) | ISBN 9781502628961 (E-book)
Subjects: LCSH: Pacific railroads. | United States--Territorial expansion.
Classification: LCC TF25.P23 B35 2018 (print) | LCC TF25.P23 (ebook) | DDC 385.0978/09034--dc23
LC record available at https://lccn.loc.gov/2016047021

Editorial Director, Spanish: Nathalie Beullens-Maoui
Translator: Christina Green
Editor, Spanish: Maria Cristina Brusca
Editorial Director, English: David McNamara
Editor, English: Fletcher Doyle
Copy Editor, English: Nathan Heidelberger
Associate Art Director: Amy Greenan
Designer: Raúl Rodriguez
Production Coordinator: Karol Szymczuk
Photo Research: J8 Media

The photographs in this book are used by permission and through the courtesy of: Cover, Photographer Andrew J. Russell/Yale University Libraries/File: East and West Shaking hands at the laying of last rail Union Pacific Railroad - Restoration.jpg/Wikimedia Commons/Public Domain; p. 5 (top photo) Americasroof at English Wikipedia/File: Council-bluffs1.jpg/Wikimedia Commons/ CCA-SA2.5 Generic; (bottom photo) Mathew Brady/U.S. NARA/File: Gen. Grenville Dodge - NARA - 527312.tif/Wikimedia Commons/Public Domain; p. 8 Thure de Thulstrup/File: Louisiana Purchase New Orleans Thure de Thulstrup.jpg /Wikimedia Commons/Public Domain; p. 9 File: U.S. Territorial Acquisitions.png/Wikimedia Commons/Public Domain; p. 11 Charles Marion Russell/Humanities Texas/File: Lewis and clark-expedition.jpg/Wikimedia Commons/Public Domain; pp. 12-13 Alex Garcia/ Los Angeles Times/Getty Images; p. 15 Encyclopedia Britannica/UIG/Getty Images; p. 16 HodagMedia/Shutterstock.com; p. 18 G.F. Nesbitt & Co., printer/File: California Clipper 500.jpg/Wikimedia Commons/Public Domain; pp. 20, 26 Buyenlarge/Archive Photos/Getty Images; Author Unknown/http://www.findagrave.com/cgi-bin/fg.cgi?page=pv&GRid=11365599&PIpi=49276447/ File: Asa Whitney.jpg - Wikimedia Commons/Public Domain; p. 22 Universal History Archive/Getty Images; p. 25; Centpacrr at English Wikipedia/File: CPRR Sierra Grade @ Donner Summit (1869; 2003).jpg/Wikimedia Commons/Public Domain; p. 28 Cave cattu/File: Transcontinental railroad route.png /Wikimedia Commons/ CCA-SA3.0; p. 30 Thomas Hill/File: The Last Spike 1869. jpg/Wikimedia Commons/Public Domain; p. 31 Central Pacific Railroad of California; Union Pacific Railroad Co./The Cooper Collection of US Railroad History/File: CPRR & UPRR Display Ads May 1869.jpg/Wikimedia Commons/Public Domain; p. 33 Mathew Brady/U.S. NARA/File: S.C. Durant - NARA - 527403.jpg/Wikimedia Commons/Public Domain; pp. 35, 46 Bettmann/ Getty Images; p. 36 Carleton Watkins/Getty Center/File: Carleton Watkins/Wikimedia Commons/Public Domain; p. 39 Andrew J. Russell/Beinecke Rare Book and Manuscript Library/File: Trestle at Promontory by Andrew J Russell.jpg/Wikimedia Commons/ Public Domain; p. 41 Carol M. Highsmith/United States Library of Congress/File: A meeting of the engines at the Golden Spike National Historic Site, Utah (angled view).jpg/Wikimedia Commons/Public Domain; p. 43 Carleton Watkins /National Library of Wales/File: 44. Cape Horn, C.P.R.R.jpg/Wikimedia Commons/Public Domain; p. 44 R.Y. Young/Library of Congress/Corbis/VCG/ Getty Images; p. 48 Library of Congress/File: Representative Schuyler Colfax.jpg/Wikimedia Commons/Public Domain.

Printed in the United States of America

# CONTENIDO

# La unificación del país

Corría el año 1859 y Abraham Lincoln estaba en Council Bluffs, Iowa, un pueblo sobre el río Misuri, enfrente de Omaha, Nebraska. Había ido por negocios. Lincoln estaba allí para ver unas tierras en Council Bluffs ofrecidas como garantía de un préstamo de $3,000 a un socio. Pronunció un discurso sobre la esclavitud y luego fue hacia los barrancos frente al río Misuri. Del otro lado estaba Omaha, y toda Nebraska y el Oeste.

Alguien mencionó que algún día un ferrocarril cruzaría el Misuri, rumbo al Oeste. Se cuenta que Lincoln dijo: "Uno no, muchos ferrocarriles se concentrarán aquí algún día".

Horas más tarde, le presentaron a Lincoln a un hombre llamado Grenville Dodge, un joven ingeniero que acababa de hacer unos **relevamientos** de terrenos en Nebraska. Se decía que Dodge era un experto en ferrocarriles. Pronto, Lincoln comenzó a hacerle muchas preguntas. Dodge dijo, más adelante, que "Lincoln pronto me preguntaría todo

El Monumento a Lincoln en Council Bluffs, Iowa, marca el lugar en donde Abraham Lincoln dijo, en 1859, que la ciudad sería un centro ferroviario.

Grenville Dodge fue fundamental para la construcción del ferrocarril transcontinental.

lo que sabía del oeste del país y los resultados de mis **reconocimientos**".

Para 1860, la **plataforma** republicana para las elecciones presidenciales apoyaba plenamente la idea de construir un ferrocarril desde el Medio Oeste hasta el océano Pacífico, conectando así toda la nación. Ese año, Lincoln fue candidato a presidente por los republicanos.

Lincoln ganó las elecciones y se convirtió en presidente en 1861. Unas semanas después, se reunió con Dodge en la Casa Blanca. En la reunión, los trenes no fueron el principal tema de conversación. El Sur había comenzado la **secesión** de la Unión y estaba a punto de estallar la guerra de Secesión. "Haré que el país esté seguro", le habría dicho Lincoln a Dodge.

Sin embargo, Lincoln siguió con la idea de un ferrocarril transcontinental pues sostenía que "se necesitaba imperiosamente por el interés de todo el país". En 1862, firmó un proyecto de ley que autorizaba la construcción del descomunal proyecto. Lincoln no vivió lo suficiente como para verlo terminado, ni siquiera completamente iniciado, pero por fin se construyó. Uno de los principales responsables fue Dodge. Tras servir con honores en el Ejército de la Unión en la guerra de Secesión, Dodge fue nombrado ingeniero en jefe para la construcción de la parte oriental del proyecto.

El ferrocarril que iría de Omaha a Sacramento, California, era una tarea desmesurada. Tenía que superar toda clase de obstáculos: una geografía accidentada, problemas de financiamiento, déficit de mano de obra, combates con los nativos americanos, huelgas, corrupción… La lista era interminable. Apenas finalizó la construcción y se colocó el último clavo de la vía que conectaba las dos líneas de rieles, cambió el pensamiento nacional. Pronto, alguien podría subirse a un tren en San Francisco y bajarse en Nueva York, sin dejar de ver las vías.

Abraham Lincoln sigue siendo más conocido como el hombre que "salvó la Unión" al ganar la guerra de Secesión. También unió al país al respaldar un proyecto de construcción que nos acercó a todos. Por eso seguimos estudiándolo hasta el día de hoy.

CAPÍTULO UNO

# De un extremo al otro

En 1800, la gente no tenía mucha idea de cómo serían los Estados Unidos de América en los años a venir. Había apenas dieciséis estados. Estados Unidos había comenzado con las trece colonias originales, apiñadas sobre la costa del océano Atlántico. Vermont se sumó a la Unión en 1791; y luego se unieron los dos primeros estados alejados del océano Atlántico: Kentucky y Tennessee. Entre los montes Apalaches y el río Misisipi vivían algunas personas que no eran nativoamericanas, pero no eran muchas. Más allá había un espacio abierto, un enorme espacio abierto. La gente sabía que Norteamérica tenía una costa oeste, donde también vivían personas. Los nativos americanos eran casi los únicos que habían visto y conocían gran parte de los territorios centrales.

No existía una ley que dijera que Estados Unidos de América tenía que ampliar su territorio "desde un mar hasta el otro". Francia poseía un enorme territorio en el centro del país, que acababa de comprarle a España. Esto inquietaba a Estados Unidos, pues Francia, bajo Napoleón Bonaparte, tenía una política de agresión hacia otras naciones. Pero los franceses tenían muchas cosas por las que preocuparse en Europa y la idea de defender su nueva propiedad en el hemisferio occidental los intimidaba; también sería costosa.

Izamiento de la bandera de Estados Unidos en Nueva Orleans, en 1804, luego de completar la Compra de la Luisiana a Francia.

En 1803, el presidente Thomas Jefferson ordenó a su embajador en Francia, Robert Livingston, que le consultara a Napoleón si sería posible que Estados Unidos le comprara Nueva Orleans, lo que daba entrada al sistema del río Misisipi. Livingston quedó sorprendido cuando los franceses respondieron que deseaban vender todo el territorio de Luisiana a los estadounidenses. Ambas partes acordaron el precio de 15 millones de dólares y los detalles se ultimaron ese mismo año. Cuando la transacción estuvo lista, Jefferson dijo:

> Sé que la adquisición de Luisiana fue rechazada por algunos, que el agrandamiento de nuestro territorio podría poner en peligro su unión. Pero… cuanto mayor sea nuestra asociación, menos será sacudida por las pasiones locales; además, de cualquier forma, ¿acaso no es mejor que la otra orilla del Misisipi esté poblada por nuestros hermanos y no por extraños de otra familia?

Estados Unidos dio un enorme paso hacia su crecimiento cuando compró 828,000 millas cuadradas (2.1 millones de kilómetros cuadrados) de tierra a Francia. Este mapa muestra los territorios de la expansión hacia el Oeste y la fecha de adquisición.

De este modo, de un plumazo, Estados Unidos prácticamente había duplicado su tamaño. Sería como si hoy Estados Unidos comprara Canadá. Estados Unidos pasó a ser propietario de un enorme territorio al oeste del Misisipi, que llegaba a un "lejano Oeste", hacia las tierras que hoy conocemos como Montana, Wyoming, Colorado y Oklahoma.

Norteamérica había cambiado de un modo impresionante. Ahora iba a estar poblada más o menos de este a oeste. El continente no estaría dividido en pequeñas naciones, como Europa o América del Sur. Las principales potencias europeas de entonces —Inglaterra, Francia y España— pronto estarían menos interesadas en tratar de retener las partes de sus imperios en casi toda Norteamérica. Esto haría casi inevitable que Estados Unidos continuara su expansión. Entretanto, las fronteras de Estados Unidos se hicieron mucho más seguras, con una gran cantidad de tierra y agua que funcionaban como

**zona intermedia** entre este país y otros.

La transacción también significaba imaginar un futuro brillante para Estados Unidos. Parecía apenas cuestión de tiempo que Estados Unidos se convirtiera en una nación grande y poderosa. Estados Unidos tenía ahora una lista enorme y diversificada de recursos a su disposición, con mucho espacio para crecer. La nación tenía la oportunidad de ser mucho más que un grupo de personas que se unen para experimentar con la democracia. Estados Unidos tenía la posibilidad de convertirse en un importante protagonista en el mundo.

## Análisis de la compra

A Jefferson obviamente le parecía bien la compra. Como todo nuevo propietario, quería ver qué acababa de comprar. El territorio de Luisiana era, en general y para los estándares de los estadounidenses, un territorio inexplorado. No se habían trazado muchos mapas de este lugar. Jefferson sabía que los ríos Misisipi y Misuri y sus **afluentes** irrigaban un gran territorio. Esa tierra, sin embargo, era un misterio. En particular, Jefferson esperaba que el río Misuri se conectara de algún modo con el sistema del río Columbia al noroeste.

Para averiguarlo, envió en una misión a su secretario personal, Meriwether Lewis, quien convocó a William Clark, un destacado explorador. Ambos reclutaron a 27 soldados solteros y contrataron algunos trabajadores con los que, en 1804, se dirigieron aguas abajo por el río Ohio, y luego hacia los ríos Misisipi y Misuri. El área comprendida entre el centro de Dakota del Norte y lo que hoy es Portland, Oregón, era completamente desconocida.

La exploración de Lewis y Clark se convirtió en la gran aventura de la historia estadounidense. El Cuerpo de Descubrimiento, como se llamó al grupo, remontó por el Misuri hacia Dakota del Norte, donde construyeron el fuerte Mandan y pasaron el invierno. En la primavera de 1805, la comitiva se adentró en las Rocallosas hacia el nacimiento del río Misuri. Treparon por un lado de la divisoria continental, con suministros a la mano, y alcanzaron la cima de una montaña. Desde allí, miraron hacia el Oeste, esperando ver ríos que fluyeran en esa dirección. En cambio, vieron más montañas, que se confundían con el horizonte.

Con la ayuda de algunos nativos americanos, Lewis y Clark continuaron su exploración rumbo al Oeste. Finalmente, encontraron el sistema del río Columbia, que pronto los condujo al océano Pacífico. En su diario, así describieron el estuario del Columbia:

> Una gran alegría en el campamento: estamos viendo el océano… este gran océano Pacífico que tanto ansiábamos ver; y el bramido o ruido que, supongo, hacen las olas al romper sobre las costas rocosas puede escucharse con claridad.

Lewis y Clark emprendieron el regreso a casa luego de un crudo invierno en Oregón y llegaron a Misuri en septiembre de 1806. El sargento John Orday del grupo de exploradores escribió sobre la recepción en St. Charles: "El pueblo se congregó en la orilla y apenas podía creer que fuéramos nosotros por las cosas que habían escuchado. Creían que todos habíamos muerto y nos habían olvidado". La comitiva viajera trajo mapas, muestras de plantas y animales encontrados a lo largo del camino; y relatos de contactos con los nativos americanos, los únicos pobladores de esas tierras por muchas generaciones.

La expedición de Lewis y Clark, representada aquí en el río Columbia, fue desde el río Misisipi hasta el Pacífico.

# La Senda de Oregón

No muchos lo saben: Lewis y Clark salieron del territorio de Estados Unidos durante su viaje.

La Compra de Luisiana incluyó tierras que llegaban hasta las montañas Rocallosas y la divisoria continental. Lewis y Clark fueron mucho más allá, dirigiéndose aguas abajo por el río Columbia hacia el océano Pacífico. ¿Pero qué país era el propietario de esa tierra? Nadie estaba seguro.

España había explorado la costa del Pacífico desde su posición al sudoeste de Norteamérica. Sin embargo, España comenzó a dejar de tener influencia en Norteamérica tras la guerra de Independencia. Rusia había explorado el lugar desde Alaska pero no había hecho muchos reclamos. En ese momento, Canadá pertenecía al Imperio británico y los

ingleses estaban interesados en la región. Por lo tanto, la discusión se centraba en Estados Unidos e Inglaterra. En esencia, coincidían en que como no había mucha gente en esa parte del mundo, ambas partes podrían ocupar la región libremente. Los residentes tenían pocos problemas en vivir juntos.

La Senda de Oregón cambió la situación. Los estadounidenses hacían un largo recorrido desde el este y cada vez eran más, muchos de ellos se quedaban en el territorio de Oregón. Esta tierra incluía también lo que hoy llamamos Idaho y Washington en Estados Unidos, y parte de la Columbia Británica en Canadá. En 1846, los estadounidenses y los británicos trazaron una línea divisoria en el paralelo 49, desde las montañas Rocallosas hasta el océano Pacífico. Sin ese acuerdo, la historia estadounidense podría haber cambiado de rumbo.

La Senda de Oregón se convirtió en una forma popular de ir hacia el Oeste. Algunos viajeros se quedaron en el noroeste mientras que otros enfilaron el Sur, hasta California. Oregón se convirtió en un estado en 1859, seguido por Washington e Idaho. La población adicional convenció a los dirigentes políticos que era necesaria una conexión más firme con el resto del país.

El recorrido del futuro ferrocarril transcontinental seguiría más o menos la ruta de la Senda de Oregón desde Nebraska hasta Wyoming, en donde se dividiría para seguir hacia otra dirección.

La formación Chimney Rock, por su forma de chimenea, en Nebraska, era un punto destacado para quienes viajaban al Oeste por la Senda de Oregón.

Oregón tuvo una función importante en el desarrollo del Oeste: el descubrimiento de una ruta de este a oeste relativamente fácil. John Jacob Astor, el hombre más rico de Estados Unidos a comienzos del siglo XIX, estableció un pueblo en Oregón en 1812. Era un lugar tan aislado que nadie se había enterado del comienzo de la guerra de 1812 contra Gran Bretaña. El negocio avanzaba con esfuerzo y un empleado de Astor llamado Robert Stuart se dirigió al oriente a pie para buscar ayuda para el campamento.

El campamento fue vendido a un británico que comerciaba con vestimentas, pero Stuart, que ignoraba esto, siguió avanzando. No solo llegó a St. Louis, sino que descubrió una ruta relativamente fácil para cruzar la mitad del continente. Esta ruta se conocería como la Senda de Oregón. Se trataba de un paso relativamente llano, que permitía el viaje en carretas. Los **emigrantes** se dirigieron hacia el Oeste por esa ruta para llegar a Oregón y, en algunos casos, desde allí a California. No eran muchos y casi nunca tuvieron problemas con los nativos americanos que encontraban a lo largo del camino. Los viajeros intercambiaban mercaderías con los nativos, quienes a su vez los orientaban en los cruces difíciles.

## Desaprobación

Otros exploradores pronto se lanzaron hacia el Oeste para ver qué más ofrecían esas tierras, pero sus informes no estaban cargados de entusiasmo. El oficial del ejército estadounidense Zebulon Pike viajó hacia lo que hoy se conoce como Colorado. Para Pike, "con el tiempo esta zona sería tan célebre como los desiertos africanos". Más adelante, en honor a sus exploraciones, se le dio su nombre a una montaña de las Rocallosas: el pico Pikes. Entre los viajes de Stuart de 1812 y 1830, unos cuantos pioneros y comerciantes se abrieron paso hacia el noroeste del territorio. Para ese entonces, el destino económico cambió el curso de los acontecimientos en Estados Unidos. La economía colapsó en 1825 y volvió a caer en 1837. Muchos estadounidenses tenían poco que perder si dejaban el Este y se dirigían a sitios con tierras gratis disponibles e infinitas oportunidades. Muchos lo hicieron

Representación artística de la vista que tuvo frente a sí el explorador Zebulon Pike al llegar a las laderas de las montañas Rocallosas.

y organizaron caravanas de carretas que cruzaron las **Grandes Planicies** y las montañas Rocallosas hacia el noroeste. Pronto, la ruta comenzó a estar más concurrida.

Cruzar el país en carreta no era sencillo. Se tardaba cinco meses en atravesar el continente. Muchas cosas podían salir mal: los suministros se podían acabar, el tiempo podía estar en contra y las batallas con los nativos americanos eran posibles. Para cruzar el país se necesitaba un transporte mejor y más rápido; y había uno que parecía estar en camino.

## El camino a los rieles

Los caminos de rieles de madera existían en Alemania en 1550, usados en una especie de superautopista de aquella época. Los viajeros se transportaban por la carretera de tierra, en carretas y otros vehículos tirados por caballos que se desplazaban más rápido y suavemente. Fueron necesarios más de doscientos años para el próximo desarrollo del transporte de masas: el paso de los rieles de madera a los de hierro. Esto hizo más fáciles los viajes, pues los rieles de hierro duraban más.

En 1803, el mismo año de la Compra de Luisiana, se comenzó a trabajar en el invento de un vehículo accionado a vapor que pudiera reemplazar los carros tirados por caballos. Gran Bretaña tenía enormes depósitos de carbón y hierro, recursos que le ayudaron a iniciar la **Revolución Industrial**. Gran Bretaña necesitaba formas más eficaces para transportar estos minerales de las minas. En 1804, una locomotora jaló 10 toneladas (9 toneladas métricas) de hierro a lo largo de 9 millas (14.5 kilómetros) en Gales. Para 1814, George Stephenson había construido una locomotora que jalaba ocho vagones de carbón con una carga de 30 toneladas (27 toneladas métricas) de carbón subiendo por una colina una distancia de 450 pies (137 metros) y alcanzando una velocidad de 4 millas por hora (6.4 kilómetros por hora). Era el motor a vapor más exitoso construido hasta entonces. En 1825, se hizo el primer viaje en un tren de pasajeros, con 450 personas. Hasta Stephenson pudo ver el futuro en ese momento. Samuel Smiles, en su libro titulado *The Life of George Stephenson*, cita a su colega John Dixon:

Uno de los primeros diseños de la locomotora realizado por George Stephenson.

> Cuando era joven, George Stephenson me dijo que el ferrocarril reemplazaría a casi todos los otros medios de transporte en este país, cuando los coches de correo vayan sobre rieles y los ferrocarriles se conviertan en la gran autopista para el rey y todos los súbditos. Sé que hay dificultades enormes y casi insuperables; pero lo que he dicho ocurrirá durante tu vida.

## La competencia con los canales

El tren pronto se difundió por los Estados Unidos. En 1827, a los empresarios de Baltimore, Maryland, les preocupaba perder sus negocios de transporte a causa de los sistemas de canales de sitios como Filadelfia y Nueva York. En respuesta, en 1830 crearon la Baltimore and Ohio Railroad y tuvieron éxito. La B&O fue la primera empresa ferroviaria del país.

Pronto le siguieron otras empresas ferroviarias del Este. Los ríos y canales servían como principales medios de transporte para cargas, pero no estaban bien diseñados para el traslado de personas. Los ferrocarriles hicieron un mejor trabajo en ese sentido y comenzaron a tomar el control de la industria del transporte al este del país. En la década de 1840, la longitud total de vías de ferrocarril superó las 3,000 millas (4,828 km) y sobrepasó a las rutas por canales; también por esa época se tendieron vías al oeste de los montes Apalaches. A pesar de eso, solo existían pequeñas compañías ferroviarias y no lograban acordar la anchura de las vías.

En este rompecabezas faltaba encajar otra pieza para que los ferrocarriles se extendieran por todo el país. México poseía gran parte de los territorios que hoy conforman el suroeste de los Estados Unidos pero jamás había combatido contra un ejército "moderno". Estados Unidos vio la oportunidad de acrecentar su imperio cuando se anexó Texas en 1845, nueve años después de que este territorio se independizara de México. La anexión afectó a las relaciones entre Estados Unidos y México, y ambos países entraron en guerra en 1846.

Al finalizar la guerra, en 1848, México cedió a Estados Unidos un territorio que incluía lo que hoy es California, Nuevo México, Utah, Nevada y Arizona, además de porciones de unos cuantos estados más. Muchos en Estados Unidos alegaban que el **Destino Manifiesto** del país era extender todas sus fronteras a través del continente, desde el Atlántico al Pacífico, y eso había hecho.

Ahora que Estados Unidos se había extendido hasta la costa oeste, necesitaba gente para poblarla. Un descubrimiento

Publicidad de camarotes en barcos que zarpaban desde la costa este de Estados Unidos y navegaban alrededor de América del Sur para llegar a California.

cerca de Sacramento dio a muchos un motivo para ir allá: en el molino de John Sutter se había encontrado oro y el presidente James Polk lo informó a la nación en el discurso del estado de la Unión de diciembre de 1848. Esto provocó la "fiebre del oro" de California en 1849. Muchos pensaban que se harían millonarios si lograban llegar a esa parte del mundo. Muchos hicieron el viaje, unos pocos se hicieron ricos y otros descubrieron que les gustaba California y se quedaron.

Sin embargo, llegar a California desde la costa este era difícil. Era una travesía en barco de 18,000 millas (29,000 km) pasando por el extremo de América del Sur. Otra alternativa era ir en barco hasta Panamá, cruzar ese territorio escarpado y luego abordar otra embarcación hacia California. Parecía fácil considerar la construcción de un ferrocarril que pudiera unir las diversas regiones del país. Pero otras fuerzas postergaron ese concepto por más de una década.

CAPÍTULO
DOS

# Obstáculos que superar

Las primeras compañías de ferrocarril comenzaron a surgir en Estados Unidos a principios de la década de 1830. Cuando tuvieron éxito financiero, pronto la gente se imaginó que el negocio podría prosperar en casi cualquier otra parte del país. Eso incluía, eventualmente, la región al oeste del Misisipi.

Tal expansión sería difícil. El Oeste era completamente salvaje. Sería necesario transportar al sitio de las obras todos los materiales requeridos. Esto incluía alimentos y dormitorios para los trabajadores, y materias primas, entre otros. Por lo tanto, se necesitaría algún tiempo para calcular la logística, luego de trazada la ruta.

A veces, la conversación sobre la construcción de un ferrocarril, a mediados de la década de 1840, era iniciada por el empresario Asa Whitney, pariente de Eli, el inventor de la máquina para desmotar el algodón que había causado una revolución textil. Asa Whitney había dejado Nueva York, por motivos personales y pérdidas comerciales, para irse a China.

La playa de maniobras del Orange and Alexandria Railroad en Virginia era típica de los años 1860: ajetreada y desordenada.

Luego de una exitosa estadía de 18 meses, Whitney volvió a Estados Unidos con la idea de que un ferrocarril a través del país podría servir como puente entre Asia y Europa, algo de mucho beneficio para los Estados Unidos. En una carta al Congreso, fechada el 28 de enero de 1845, escribió:

> Una comunicación así de fácil y veloz, con semejante infraestructura para el intercambio de los distintos productos de diferentes lugares, reuniría en una única y vasta ciudad a toda nuestra inmensamente esparcida población; sus efectos morales y sociales se deben armonizar. Unidos, como una gran familia, por un único interés: el bienestar general de todos.

Para ser justos, probablemente también se podía ganar algo de dinero a lo largo del camino.

El plan de Whitney, en 1845, llamaba a crear franjas de tierra de 60 millas (96 km) desde el lago Michigan hasta el océano Pacífico. Los lotes se venderían a los pobladores a lo largo del camino, lo que pagaría la construcción del ferrocarril. Cuando una franja estuviera lista, se daría inicio a la siguiente. La propuesta fue presentada al Congreso por el legislador de Nueva York, Zadock Pratt.

Asa Whitney fue uno de los defensores de la idea del ferrocarril transcontinental.

Otros no estaban muy convencidos de que un ferrocarril fuese buena idea. En 1847, el senador por Massachusetts, Daniel Webster dijo: "No queremos la extensión del territorio, no queremos la anexión de nuevos estados. El país ya es lo suficientemente grande".

La legislación propuesta se detuvo unos cuantos años. Una comisión de la Cámara propuso que el Gobierno federal impulsara la idea, en 1851, pero esta no prosperó. El Congreso tenía otras cosas en mente.

## La cuestión de la esclavitud se impone

A lo largo de la historia de Estados Unidos, la esclavitud ha ensombrecido la mayoría de las cuestiones nacionales. Durante la guerra de Independencia, los estados norteños y sureños acordaron en esencia no ponerse de acuerdo sobre este tema mientras se preocupaban por independizarse de

Inglaterra. Algunos de los padres fundadores de la nación expusieron sus pensamientos para llegar a cierto acuerdo pero ninguna de las partes cambió su posición. Para muchos norteños, la idea de la esclavitud era una atrocidad moral; en tanto que, para la mayoría de los sureños, la economía de su región dependía de ella.

Poco se avanzó en el tema del ferrocarril hasta que el Oeste comenzó a poblarse y comenzaron las discusiones sobre cómo estos territorios manejarían el tema de la esclavitud. Los **abolicionistas** del Norte toleraban temporalmente la esclavitud en el Sur, ya que el Gobierno federal no podía cambiar la situación. No querían que esta institución se expandiera hacia el Oeste. Se propuso un plan que permitiera a los posibles nuevos estados votar sobre si serían esclavistas o no, pero incluso ese enfoque "democrático" no prosperó porque los abolicionistas se opusieron a cualquier idea que permitiese la propagación de la esclavitud.

El senador de Kentucky, Henry Clay, fue fundamental en los hechos que condujeron a la guerra de Secesión.

En 1850, el senador por Kentucky Henry Clay propuso un compromiso. Se le garantizaría a California la condición de estado libre (sin esclavos) y a la vez se aprobaría la Ley de Esclavos Fugitivos, que privaba de casi todos los derechos a los esclavos que habían huido de sus hogares originales. Esto satisfizo a muchos en el Norte y en el Sur. Algunas partes de la propuesta fueron aprobadas.

No pasaría mucho tiempo hasta que volviera a surgir este asunto, por lo que el Congreso quedó en ucallejón sin salida. Mientras Kansas y Nebraska buscaban la categoría de estado, se reiniciaron las deliberaciones. Una de sus víctimas fue el partido político Whig; en esencia fue reemplazado por el nuevo Partido Republicano, con una férrea oposición a la expansión de la esclavitud.

Al mismo tiempo, se seguía analizando la expansión del ferrocarril en la década de 1850, aunque una línea que atravesara el país seguía siendo algo más allá de lo imaginable. En 1851, el ferrocarril más largo del país solo iba desde Dunkirk, Nueva York —sobre el lago Eire— hasta Jersey City, Nueva Jersey por 447 millas (720 km). La Ley de Exploraciones del Ferrocarril del Pacífico fue aprobada en 1853 para buscar posibles rutas hacia el Oeste. El secretario de guerra, Jefferson Davis (que luego sería presidente de los Estados Confederados de América durante la guerra de Secesión) envió soldados a buscar posibles rutas.

## Las tres rutas propuestas

La conversación esencialmente terminó en tres posibles opciones. La primera comenzaba con el concepto de Whitney, partiendo desde Chicago, que crecía con rapidez en el Medio Oeste, dirigiéndose tal vez a lo largo de la Senda de Oregón y terminando en el noroeste del país. El problema radicaba en que la ruta cruzaba las montañas Rocallosas a través de Wyoming e Idaho. Considerando la ubicación y la altitud de esa ruta, era muy posible que la nieve fuese un problema varios meses al año. Este era un obstáculo difícil de resolver.

La segunda ruta abrazaría la frontera sur del país. Iría desde Atlanta, pasando por Texas, y terminaría en el sur de California. Por allí había montañas y también desiertos. El extremo oriental de ese camino también estaba muy lejos de los principales mercados del Medio Oeste y del Este.

Se propuso también una ruta central que iría directamente por el medio del país. Saldría del Medio Oeste, seguiría el río Platte, en Nebraska, y el Paso Sur, en Wyoming; luego se dirigiría hacia California. El problema aquí era la Sierra Nevada, una cordillera a lo largo del lado oriental de California. Desde el punto de vista de la ingeniería, la construcción de un ferrocarril por esa región sería una complicada labor.

Había partidarios para todas las posibles rutas y sus variantes. El Congreso no se decidía por ninguna. Mientras el debate continuaba, los acontecimientos en el Oeste le dieron forma al siguiente paso. En 1859 se encontró un enorme yacimiento de plata en Nevada y los californianos estaban ansiosos por extraer el metal de su territorio.

## Judah encuentra un paso

Luego ocurrió un importante descubrimiento en 1860. Theodore Judah ya había construido el primer ferrocarril al oeste del río Misuri cuando construyó la línea del valle de Sacramento en 1856. Judah no solo tenía intereses financieros en un ferrocarril que uniera el país sino que adoraba los trenes. Por lo tanto, se lanzó a la posibilidad de explorar lo que se conocía como el paso Donner en la cordillera Sierra Nevada. Judah descubrió que si bien una gran parte de la cordillera tenía dos conjuntos de picos, lo que dificultaba mucho el paso de los ferrocarriles, el paso Donner tenía apenas uno. Una vez que se pasaba el punto más alto dirigiéndose al Este, era posible trazar una ruta a lo largo del río Truckee (también conocido como río de las Truchas) y hacia la Gran Cuenca de Nevada. Esto solucionaba el principal obstáculo de ingeniería para completar la ruta central.

Judah siempre había creído que la empresa, no el Gobierno, debía desempeñar el papel protagonista en la construcción. Se reunió con el empresario de Sacramento Collis Huntington, quien trajo otros inversionistas, como Mark Hopkins, Charles Crocker y Leland Stanford. Ellos crearon la Central Pacific Railroad Company. Judah volvió a explorar el paso Donner en 1861, cuando la situación en el Congreso había cambiado notablemente.

Esta foto de la construcción de una línea ferroviaria cerca de la cima Donner, en 1869, muestra las dificultades para atravesar los escarpados terrenos de la cordillera Sierra Nevada.

El republicano Abraham Lincoln asumió la presidencia del país en marzo de 1861. Para entonces, siete estados que conformaban el Sur profundo —Carolina del Sur, Misisipi, Florida, Alabama, Georgia, Luisiana y Texas— habían abandonado la Unión. Pronto les siguieron Virginia, Arkansas, Carolina del Norte y Tennessee. Entretanto, el fuerte Summer de Estados Unidos en Carolina del Sur había sido atacado por los soldados confederados, lo que inició la guerra de Secesión.

La guerra entre los estados fue un importante factor para la creación del ferrocarril propuesto. Los estados del Sur ya no pertenecían al Congreso y por lo tanto no podían trabar la construcción de un ferrocarril transcontinental. Los del Norte tenían la libertad de aprobar una legislación para esto. Así se aseguró la elección de la ruta central para el proyecto que buscaba llevar la población, y también el poder político y económico, a todas partes del país donde llegara. Además,

Los puentes ferroviarios, como este de 1863, solían necesitar reparaciones para permanecer relativamente seguros.

los estados del Norte ya tenían una red de ferrocarriles bien conectados funcionando, algo que sería de gran ayuda para ganar la guerra de Secesión.

Judah trabajó todo el verano de 1861 para hacer un mapa detallado de la región del paso Donner en California. Cuando estuvo listo, en otoño, viajó a Washington, DC para abogar a favor de la adopción del ferrocarril en el Congreso. Se encontró con un público que en general estaba a favor. Un gran apoyo fue el propio Lincoln. La plataforma republicana para las elecciones de 1860, que puso a Lincoln en la Casa Blanca, declaró:

> Que un ferrocarril hacia el océano Pacífico es exigido imperativamente por los intereses del país en su totalidad [y] que el Gobierno federal debe prestar ayuda inmediata y eficiente para su construcción; y que, previamente a ello, un correo diario por vía terrestre debe ser establecido rápidamente.

Durante el resto de 1861 y los primeros meses de 1862, las discusiones hicieron avanzar el proyecto. "Ahora lo concibo como mi deber… hacer levantar esta Cámara de su inacción y convencerla… de que este ferrocarril es una necesidad de la época", dijo el legislador por California, Aaron Sargent.

## Dónde comenzar

Los puntos de partida fueron el eje de las discusiones. Judah había hecho una exitosa campaña para comenzar la construcción cerca de Sacramento, e incluso en un determinado momento actuó como secretario de la Comisión del Ferrocarril del Pacífico ante la Cámara de Representantes. En ese cargo, escribió, de hecho, algunas de las legislaciones que eventualmente autorizarían el ferrocarril. Un punto de atasco en el proyecto de ley era el lugar donde debía comenzar la construcción en el Medio Oeste. La empresa Mississippi and Missouri Railroad quería que las vías comenzaran entre Davenport y Council Bluffs en Iowa (al oeste de Chicago). Por su parte, la Leavenworth, Pawnee and Western Railroad prefería que se empezara en Leavenworth, Kansas (cerca de Kansas City).

La Cámara aprobó la legislación que creaba el nuevo ferrocarril el 6 de mayo de 1862. En el Senado, dos representantes de Iowa, James Harlan y James Grimes, amenazaron con detener el proyecto si se designaba un punto de partida que no fuese Iowa. Su argumento se impuso y se escogió Council Bluffs como punto de inicio. El Senado aprobó el proyecto el 20 de junio.

Se envió así la legislación al presidente Lincoln, quien firmó el proyecto de ley el 1 de julio. Establecía que se trataba de "una ley para ayudar en la construcción de un ferrocarril y una línea de **telégrafo** desde el río Misuri hasta el océano Pacífico y para asegurar el uso del mismo para fines postales, militares y otros fines". La ley creó también la empresa Union Pacific Railroad para que se hiciera cargo de la línea de ferrocarril que iría de este a oeste.

Ambas empresas recibirían bonos del Gobierno para la financiación. Las empresas Central Pacific y Union Pacific recibirían pagos en bonos por 16,000 dólares por milla construida

Las vías del tren se tendieron desde Omaha, Nebraska, hasta Sacramento, California.

sobre terrenos planos o con poco desnivel, 32,000 dólares por milla en las porciones elevadas en las planicies y 48,000 dólares por milla en las montañas. Multiplica eso por 1,900 millas (3,058 km) y verás cuán enorme es el monto, particularmente en dinero de 1862. Un pago de 16,000 dólares de ese año equivaldría a unos 381,000 dólares de hoy. Pronto los directivos empresariales comprendieron que se podían obtener enormes ganancias en la construcción de un ferrocarril como este, y no solo operándolo.

Además, se concedía a las compañías ferroviarias el **derecho de paso** de 200 pies (61 metros) a cada lado de las vías. También recibieron 10 millas$^2$ (26 km$^2$) de tierra alrededor del área de construcción por cada milla de vía que se construía. Se les dio plazo hasta el 1 de enero de 1874 para completar el proyecto, de lo contrario las vías y la tierra tendrían que ser devueltas al Gobierno.

Se encomendó esta misión a dos empresas casi sin experiencia en ferrocarriles, y con personas desconocidas dirigiéndolas. Se dice que Judah habría enviado un telegrama a las oficinas de Central Pacific cuando se aprobó la ley: "Sacamos el elefante. Veamos ahora si podemos ponerle las riendas".

CAPÍTULO TRES

# "Listo"

El presidente Lincoln había aprobado el proyecto de ley del Congreso; pero las compañías ferroviarias Union Pacific y Central Pacific no pudieron comenzar de inmediato la construcción de la línea de 1,900 millas (3,058 km) que cruzaría Estados Unidos. Ambas tenían que reunir personal y acopiar materia prima. Esto llevaría cierto tiempo.

Sin embargo, la Central Pacific tenía ciertas ventajas porque no estaba comenzando desde el principio. La empresa de California tenía una junta directiva y tenía a Theodore Judah, que era el partidario más entusiasta de la idea en el país. En el Medio Oeste, la Union Pacific nombró a John Dix como su presidente y a Thomas Durant, vicepresidente. Dix fue contratado más que nada por sus contactos en Washington. Durant era el hombre a cargo.

Al principio, gran parte de la atención del nuevo ferrocarril se centró en el Oeste. La mitad este de Estados Unidos en plena guerra de Secesión, así que era difícil adquirir todos los materiales necesarios. En enero de 1863, se realizó en Sacramento una gigantesca ceremonia de inicio de las obras. Leland Stanford, nuevo gobernador de California, empuñó la pala y sacó el primer terrón de tierra, mientras una banda interpretaba el tema *Espera la carreta* (*Wait for the wagon*) a modo de broma. Así se puso en marcha la construcción. ¡No duró mucho! Al día siguiente, salió publicada en el *Sacramento Union* la siguiente nota:

> Subyacente a todo este entusiasmo, existía el temor de que lo que se ha **inaugurado** fuese una farsa y no un hecho.

Los inversionistas estaban inquietos, pues todavía faltaba mucho para conocer cuáles serían los resultados de la guerra de Secesión y nadie tenía la certeza de cómo sería el país cuando estuviera listo el ferrocarril, si alguna vez lo estaba. Estas preocupaciones se transformaron en un problema para encontrar financiamiento. Las tensiones entre los inversionistas originales en el Central Pacific se acrecentaron a mediados de 1863. Había problemas monetarios pues el grupo carecía de fondos personales para mantener en marcha el proyecto. Collis Huntington insistía en que todos los inversionistas debían pagar de inmediato, con efectivo, a cambio de acciones. Judah no tenía este tipo de dinero y también sospechaba que los otros integrantes del directorio lo estaban dejando fuera de las discusiones acerca del futuro del ferrocarril. Su única esperanza era encontrar más inversionistas y los únicos candidatos posibles estaban en el Este.

Thomas Durant fue el villano de la historia de la construcción del ferrocarril.

Judah se embarcó

hacia Panamá en octubre, para ir a Nueva York, pero enfermó en ese país centroamericano. Al llegar a la ciudad de Nueva York, su estado se había agravado y tuvo que ser llevado desde el buque hasta un hotel. Judah jamás se recuperó y falleció el 2 de noviembre.

La Central Pacific colocó el primer riel de la vía en octubre de 1863. Al principio, la colocación de las vías se realizó sin problemas; pero el trabajo justo al este de Sacramento era fácil. Pronto llegaron a las montañas de Sierra Nevada y el ritmo de trabajo se desaceleró de modo considerable. Igual era rápido comparado con lo que ocurría casi 2,000 millas (3,200 km) al este.

## Negocios turbios

La Union Pacific realizó la ceremonia de inicio de obras el 2 de diciembre de 1863 en Omaha, Nebraska. Lincoln había ordenado que el punto de partida fuese Council Bluffs; pero Durant lo había cambiado al otro lado del río para no pagar por un puente. Sin embargo, todavía no se había comenzado realmente a construir el ferrocarril. Durant estaba muy ocupado buscando acuerdos que lo beneficiaran. Compraba y vendía **títulos** vinculados al ferrocarril transcontinental incluso antes de que se anunciaran esas conexiones. Él y su grupo hicieron 5 millones de dólares en este proceso.

Durant volcó su atención a Washington. En 1864 destinó unos 435,000 de dólares del dinero de Union Pacific a los legisladores del Congreso para que enmendaran el proyecto de ley de 1862. Durant tuvo éxito y se aprobó otra ley. Esta vez se otorgaron a los ferrocarriles aún más tierras a lo largo de la ruta, así como derechos sobre los minerales; además de quitarse las limitaciones impuestas a la propiedad de acciones en los ferrocarriles que podían tener las personas. Fue un excelente trato para el ferrocarril y sus propietarios, pero malo para todos los demás. El Gobierno acordó también poner el Ejército a disposición del proyecto para que ayudara a expulsar a los nativos americanos de la ruta planificada.

Durant todavía no había terminado. En octubre de 1864, fundó una empresa nueva, Crédit Mobilier of America. La empresa se creó de modo tal que, en caso de dificultades financieras, los propietarios solo perderían lo invertido. Sus fortunas personales no correrían riesgo, algo inusual en aquella época. Durant puso a un amigo, Herbert Hoxie, a cargo de Crédit Mobilier; y Hoxie presentó la única cotización para la construcción de la línea férrea. Fue aprobada por la junta directiva. Básicamente, Durant se pagaba a sí mismo para construir el ferrocarril sin peligro de pérdidas. Crédit Mobilier compró acciones de la Union Pacific a valor nominal pero se las vendió a los inversionistas a menos de su valor. Compensaron las pérdidas mediante una sobrefacturación al Gobierno de los costos de construcción del ferrocarril.

A principios de 1865, el destino del ferrocarril no parecía estar asegurado. La Union Pacific todavía no había hecho muchas obras en el Medio Oeste y la Central Pacific avanzaba muy poco en las montañas, al oeste. En enero de 1865, el presidente Abraham Lincoln le pidió al legislador por Massachusetts, Oakes Ames, que estuviera atento a la Union Pacific. Ames pronto puso dinero en Crédit Mobilier y abogó por la compañía ante otros miembros del Congreso.

El 9 de abril de 1865, terminó la guerra de Secesión. En menos de una semana, la nación se detuvo para guardar luto por Abraham Lincoln, asesinado por John Wilkes Booth. Un tren llevó el cuerpo de Lincoln de regreso a su hogar en Springfield, Illinois, para su sepultura; y Grenville Dodge asistió al servicio. "El pesar era universal pues fue una de las peores calamidades de esta o de cualquier otra nación", diría luego.

Terminada la guerra, Durant sabía que el Gobierno federal podría vigilar el ferrocarril con más cuidado. Sabía también que otras empresas ferroviarias se estaban expandiendo hacia el lado occidental del Misisipi. Ordenó que la construcción comenzara a más tardar ese verano. Finalmente, el proyectó entró en marcha.

Entretanto, la Central Pacific comenzó la difícil excavación de túneles en el paso Donner, California. Allí había algunas de las rocas más duras del mundo y, al principio, los avances se medían en pulgadas, no en pies ni millas. Para la construcción del ferrocarril, se contrataban cada vez más obreros chinos. Ellos trabajaban largas jornadas en esos túneles, usando picos o pólvora explosiva. Era una labor dura y peligrosa que cobró la vida de muchos trabajadores.

## Pueblos portátiles

En invierno de 1865–1866, la Union Pacific puso al general Jack Casement al frente de la obra. Él organizó pueblos portátiles que se podían desmontar y trasladar por ferrocarril cuando se terminaba un tramo. Estos pueblos incluían lugares para que los trabajadores pudieran comer y dormir. Diversiones, como las bebidas alcohólicas, también eran parte del equipaje. El escritor Samuel Bowles acompañó la brigada de construcción y describió la escena en su obra *Nuestro nuevo Oeste*:

> Los asentamientos estaban hechos de materiales muy perecederos —carpas de lona, barracas de simples tablones y casuchas de paja— que se desarmaban y enviaban más adelante para volver a ser armados, o abandonados como cosas inútiles en cada gran avance de la compañía ferroviaria. Apenas una pequeña proporción de sus habitantes tenía que ver con el camino o cualquier ocupación legítima. La mayoría eran parásitos interesados en los pagos de una obra tan descomunal, que atrapaban las migajas sobrantes del festín de toda y cualquier forma que fuese posible para llegar a ellas. Encargados de restaurantes y salones, apostadores, malhechores de toda calaña, los hombres y mujeres más viles conformaban este "infierno sobre ruedas", como bien se le llamaba.

La Union Pacific pudo por fin hacer buenos avances en 1866, dirigiéndose al Oeste, hacia las montañas Rocallosas. A medida que avanzaban las obras, la prensa publicaba notas con el lugar y fecha que anunciaban la finalización de cada tramo. Pero la Central Pacific seguía atascada en la Sierra Nevada, mientras sus

Los trabajadores chinos levantaron campamentos a lo largo de la ruta de construcción de la porción occidental del ferrocarril.

obreros se abrían paso con cinceles. La ciencia estaba a punto de aportar un gran adelanto para solucionar este problema: la nitroglicerina, un explosivo hecho de glicerol, ácido nítrico y ácido sulfúrico. Ascanio Sobrero fue la primera persona que elaboró esta substancia en 1864. Era tan inestable que no quería verla usada en público, pero Sobrero no pudo mantener su descubrimiento en secreto. En 1866, estalló una pequeña muestra que mató a 15 personas en San Francisco. Otra explosión de nitroglicerina en la obra del ferrocarril mató a seis obreros. Sin embargo, la Central Pacific había visto las posibilidades del compuesto. Cuando el químico James Howden ingresó a la oficina del ejecutivo ferroviario E. B. Crocker, a finales de 1867, afirmó que estaba dispuesto a fabricar la nitroglicerina en la obra, lo que evitaba la prohibición del estado de trasladar nitroglicerina. Howden fue contratado. La nitroglicerina fue un enorme paso que favoreció la construcción. Era más del 50% más efectiva que la pólvora y producía menos humo y otros efectos colaterales.

Pero había otros inconvenientes a lo largo del camino. Entre los ejecutivos de la Union Pacific comenzaron luchas de poder internas, cuando Oliver Ames (hermano del legislador Oakes Ames) pasó por encima de Durant para convertirse en presidente de la empresa. Durant se enfureció y emprendió una serie de acciones legales que detuvieron la construcción durante un tiempo. Finalmente, Durant recuperó su poder y las obras prosiguieron. Los legisladores seguían pidiéndole a Oakes Ames que les permitiera comprar acciones de Crédit Mobilier a menos de su valor; la compañía pagaba enormes **dividendos**.

En el Oeste, los trabajadores chinos iniciaron una huelga para exigir mayor salario. La Central Pacific había comenzado a contratar a los trabajadores a 35 dólares al mes pero los obreros exigían 40 dólares y mejores condiciones laborales. Cuando su petición fue rechazada, se negaron a trabajar. "De no haber sido por la cantidad de trabajadores blancos, hubiera sido imposible controlarlos", diría después Crocker. "Pero este paro de los chinos fue como un domingo a todo lo largo de la obra. Estos hombres permanecieron en sus campamentos", agregó. A la semana, hambrientos y desalentados, los obreros aceptaron retomar el trabajo por el mismo salario.

La Central Pacific anunció una importante noticia el 27 de agosto de 1867: había terminado de perforar los túneles que atravesaban la Sierra Nevada. Este logro fue casi equiparado, unos pocos meses más tarde, cuando la línea de la Union Pacific pasó por el punto más alto de la ruta: 8,200 pies (2,500 m) sobre el nivel del mar. "A esta cumbre la bauticé de inmediato en honor a mi antiguo comandante, el general [William T.] Sherman", dijo Grenville Dodge, ahora jefe de ingeniería del proyecto.

# Los trabajadores chinos

La Central Pacific necesitaba trabajadores para construir su línea de ferrocarril en la década de 1860, pero de inmediato no pudo encontrar a nadie. El trabajo era difícil y el sueldo, bajo; por lo que a pocos estadounidenses les interesaba. Para 1865, el ferrocarril necesitaba cuatro mil personas pero apenas había reunido ochocientas.

¿Cuál fue la solución? Contratar a personas que no pudieran encontrar otros trabajos. En California serían los hombres de origen chino, quienes eran discriminados a diario. La inmigración de China a California había comenzado alrededor del año 1850. La Central Pacific empezó a contratarlos en 1865. Charles Crocker, directivo de la empresa, dijo de los nuevos empleados:

> *¿Convertir a los chinos en albañiles? ¿Acaso no construyeron la Gran Muralla China, la mayor obra de albañilería del mundo?*

Cuando ya no quedaron inmigrantes por contratar, se reclutaron trabajadores directamente de China. Los nuevos empleados sorprendieron a muchos porque eran excelentes. A la larga, el 80% de la mano de obra sería china. "Como clase, son tranquilos, pacíficos, pacientes, laboriosos y baratos", dijo sobre ellos Leland Stanford, presidente de la Central Pacific.

Los aportes de los antepasados chinos al ferrocarril se siguen recordando hasta hoy. Los chinos que trabajaron en el ferrocarril fueron incorporados formalmente al Salón de Honor del Departamento de Trabajo en el año 2014.

Este puente de la ruta de la Central Pacific fue construido por los trabajadores chinos.

Este puente en la Cima del Promontorio, Utah, fue una de las últimas porciones de la líneas que se terminó.

## El encuentro

Ahora era solo cuestión de llegar a un punto de encuentro. Ambas empresas tenían una tarea relativamente fácil y todavía les seguían pagando por milla. Pero aparecían otros problemas: déficit de suministros y de agua, nieve en las montañas, inundaciones en las planicies y violentos episodios con los nativos americanos. Aun así, entre 1868 y principios de 1869, las líneas continuaban acercándose. Quedaba apenas una cosa por hacer. Ambas empresas jamás se habían reunido para decidir dónde se encontrarían. Con dinero que ganar, seguían construyendo vías. Pronto el Congreso ordenó que ambas partes decidieran un punto final.

Lo hicieron y no podrían haber escogido un punto más aislado. La Cima del Promontorio se encuentra al norte de Utah, no lejos del Gran Lago Salado (mejor conocido por su nombre en inglés Great Salt Lake). El 10 de mayo de 1869 se realizó una ceremonia para celebrar el encuentro de ambas líneas.

## Solo para hombres

Si se le pudiera preguntar a alguien en la década de 1860 sobre la participación de las mujeres en la construcción del ferrocarril transcontinental, la respuesta hubiera sido algo así: "Este no es un lugar para una mujer".

Pocas mujeres aparecen en la historia del proyecto. Todos los obreros de la construcción eran hombres. En el caso de la Central Pacific, hay algunas escasas menciones de mujeres que contribuyeron al ferrocarril. Es posible que algunas mujeres chinas trabajaran de alguna forma en el ferrocarril.

Hacia el este, unos pocos gerentes de la Union Pacific llevaron consigo a sus familias. Pero la mayor presencia femenina se dio quizás en los pueblos portátiles que se armaban por el camino. Se necesitaban cocineras, costureras y maestras; y las mujeres cumplían con esos roles. Además, estos pueblos, que eran derribados y trasladados por las vías después de un mes, atraían a toda clase de gente deseosa de sumarse a los trabajadores para beber, apostar en juegos de azar y realizar otras actividades de mala fama. En ese grupo había mujeres.

Los representantes de las compañías y funcionarios oficiales, junto con los trabajadores concurrieron al lugar para ser testigos de la ceremonia en la que se colocó el último clavo, de oro, en la línea.

Para la ocación, se había construido una oficina de telégrafos en el lugar. Las locomotoras llegaron por las vías y se detuvieron frente a frente. Leland Stanford tuvo el honor de martillar el último clavo. Alexander Toponce escribió sus memorias de esa escena:

> El primer golpe le erró al clavo y le dio al riel. ¡Tremendo jolgorio que se armó! Irlandeses, chinos, mexicanos y todos gritaban encantados. "No le pegó,

El último martillazo del "clavo de oro" para completar el ferrocarril transcontinental. Esta pintura de Thomas Hill se titula *El último clavo de vía.*

> ¡ja!". Los maquinistas hicieron sonar los silbatos y tocaron las campanas. Al segundo intento, Standford metió el clavo. Los operadores del telégrafo tenían listos los instrumentos para informar del martillazo a todas las oficinas al este y al oeste; y las campanas sonaron en cientos de ciudades y pueblos… Luego, el vicepresidente T. C. Durant de la Union Pacific tomó la maza y también le erró al clavo la primera vez. Entonces todos se volvieron a dar palmadas y gritaron: "¡Tampoco le dio, oh!". Fue un momento estupendo, todos se llevaron recuerdos y en los museos hay suficientes astillas del último durmiente como para hacer una buena hoguera.

La noticia de la acción de Stanford fue enviada por telegrama en una sola palabra: "Listo".

Un único ferrocarril se extendía ahora 690 millas hasta Sacramento, al oeste, y 1,086 millas hasta Omaha, al este. El ferrocarril transcontinental estaba listo.

CAPÍTULO CUATRO

# Conectado

En cierto sentido, la finalización del ferrocarril transcontinental, en 1869, podría ser comparada con el primer alunizaje en 1969. Sin lugar a dudas, fueron los mayores proyectos del siglo y siguen siendo notables incluso hoy. La gran diferencia es que seguimos sin saber a dónde nos conducirá el haber llegado a la luna. La finalización del ferrocarril, tuvo algunos efectos obvios y casi inmediatos.

Comencemos con el clavo de oro, rápidamente recuperado tras la ceremonia y enviado a California, hoy se exhibe en la Universidad Stanford. El lugar que se preparó para la ceremonia pronto fue desmontado. Nadie sabe con certeza dónde se colocó el último clavo de vía, pero el sitio del Servicio de Parques Nacionales se encuentra en las inmediaciones.

Luego, ambas compañías ferroviarias tuvieron que volver al trabajo. Tanta fue la prisa por llegar a la meta que la obra no era de primera clase. Así que la Union Pacific y la Central Pacific enviaron de nuevo las cuadrillas para corroborar la seguridad de los rieles. Después los ferrocarriles se abrieron al público. Si una persona quería ir desde San Francisco a Omaha en 1869, el costo era de 111 dólares en primera clase. Esto sería unos 1,870 dólares en dinero actual.

Dos réplicas de las antiguas locomotoras se encuentran en el Sitio Histórico Nacional del Clavo de Oro, en Utah.

Sin embargo todavía no era posible ir desde el Atlántico al Pacífico por tren en aquel momento. Para ello se debió construir más. En un extremo, la Central Pacific compró la empresa Western Pacific Railroad y completó el tramo entre Sacramento y Oakland en noviembre de 1869. Del otro lado, la Union Pacific tenía muchos problemas para conectar la nueva línea ferroviaria con la mitad oriental de los Estados Unidos. El informe de la empresa a sus accionistas en 1871 decía:

> El deseo de un puente sobre el río Misuri, en Omaha, para conectar los ferrocarriles del este con los de la Union Pacific ha sido uno de los incidentes más molestos relacionados con el viaje a California.

Sin embargo, el puente de la Union Pacific sobre el río Misuri estuvo listo en 1873; y Council Bluffs se convirtió en un importante centro de transporte, tal como Abraham Lincoln había predicho.

## CENTRAL PACIFIC
# RAILROAD.

COMMENCING MAY 17, 1869, EXpress Trains will run daily as follows:

| EASTWARD. | Miles. | Time. |
|---|---|---|
| Leave Sacramento | — | 6:39 A. M. |
| " Colfax | 54 | 9:50 A. M |
| " Truckee | 120 | 2:10 P. M. |
| " Reno | 154 | 4:20 P. M. |
| " Wadsworth | 189 | 6:30 P. M. |
| " Winnemucca | 324 | 1:45 A. M. |
| " Carlin | 445 | 8:30 A. M. |
| " Elko | 468 | 10:00 A. M. |
| " Toano | 559 | 3:15 P. M. |
| Arrive at Promontory | 690 | 11:05 P. M. |

| WESTWARD. | Miles. | Time. |
|---|---|---|
| Leave Promontory | — | 6:15 P. M. |
| " Toano | 131 | 3:00 A. M. |
| " Elko | 222 | 8:25 A. M |
| " Carlin | 245 | 9:35 A. M. |
| " Winnemucca | 366 | 4:10 P. M. |
| " Wadsworth | 501 | 12:05 A. M. |
| " Reno | 536 | 2:10 A. M. |
| " Truckee | 570 | 4:20 A. M. |
| " Colfax | 636 | 9:50 A. M. |
| Arrive at Sacramento | 690 | 1:20 P. M. |

**FARE.** Coin

Sacramento to Terminus ................ $50 0

Children not over twelve (12) years of age half fare; under five (5) years of age, free 100 pounds baggage (per passenger) free.

Two Trains daily (Sundays excepted) between Sacramento and Marysville, without any change of cars:

Leave Sacramento at 6:30 A. M. and 2 P. M.
Arrive at Marysville at 9:30 A. M. and 5:30 P. M

Leave Marysville at 5:30 A. M. and 10:10 A. M.
Arrive at Sacramento at 9:45 A. M. and 1:20 P. M.

For tickets and other information, apply at the Company's offices in Sacramento.

**CHAS. CROCKER,**
General Superintendent.
T. H. GOODMAN,
Gen'l. Passenger Agent.

The following are the present rates of fare via UNION PACIFIC and connecting Roads:

| Promontory to— | Currency. |
|---|---|
| Omaha | $81 50 |
| St. Louis | 101 50 |
| Chicago | 103 50 |
| Cincinnati | 114 85 |
| Niagara Falls | 118 90 |
| New York | 123 50 |
| Boston | 126 50 |

(Rates are subject to change.)

May 17, 1869. 265d&sw tf

## UNION PACIFIC
# RAILROAD

THE GREAT
## PLATTE VALLEY ROUTE

Is now completed and running daily passenger trains, forming in connection with the Central Pacific Railroad an

ALL RAIL ROUTE TO CALIFORNIA

and the

## PACIFIC COAST!

Through to San Francisco

## In Less than Four Days!

Avoiding the dangers of the Sea.

Direct Connections made at

## OMAHA

With Chicago and Northwestern, Chicago, Rock Island and Pacific and St. Joseph and Council Bluffs Railroads, and Missouri River Line of Packets to and from all principal Eastern and Southern Cities.

## CHEYENNE,

With Stages for Denver, Central City, Santa Fe, and points in Colorado and New Mexico.

## BRYAN,

With Stages for the great Sweetwater Mining District.

## UINTAH,

Stages leave on arrival of Union Pacific trains for Salt Lake City and Southern Utah.

## CORINNE,

For Helena, Virginia City, and all points in Montana.

## PROMONTORY,

With Central Pacific Railroad for White Pine Silver Mines, Sacramento, San Francisco, and principal cities in California, Nevada and Idaho.

First class Hotels and Eating Houses at convenient points on the line.
**Pullman's Palace and Sleeping Cars** accompany all trains.

For through rates on freight to Montana, Sweetwater Mines and other points, apply to
H. BROWNSON,
General Freight Agent, Omaha.
C. G. HAMMOND,
Gen'l Sup't, Omaha.
J. BUDD, Gen'l Ticket Agent, Omaha.

Un periódico de Salt Lake City publicó este anuncio detallando los horarios de los trenes poco después que el ferrocarril estuviera listo.

El viaje en el ferrocarril transcontinental no era para personas cobardes, como puede verse en esta fotografía de las vías en el condado Placer, California.

## La expansión de las rutas

Una vez construido el ferrocarril que atravesaba el país, le seguirían otros por distintas rutas. Los rieles conectaron San Francisco y Los Ángeles en 1876, y luego las vías enfilaron hacia el este. Al año siguiente atravesaron el río Colorado y llegaron a El Paso, Texas, en 1881. Tardó dos años más para que la línea se transformara en el ferrocarril transcontinental y se finalizara la ruta que venía desde el sur de Texas. Esta ruta tenía la ventaja de estar abierta todo el año: la nieve en las montañas Rocallosas algunas veces cerraba la ruta central.

Hacia el norte, el Congreso había establecido por decreto en 1864 un nuevo ferrocarril, que iría desde los Grandes Lagos hasta Puget Sound, en Washington. La construcción se demoró por la **topografía** del terreno y luego se interrumpió por la crisis económica de 1873. Por varios años no se colocaron vías, por

*(Continúa en la página 45)*

# Nace un movimiento

Cuando el ferrocarril transcontinental abrió el Oeste para su población, los estadounidenses pensaban que habían descubierto una región de naturaleza salvaje y recursos ilimitados. Pronto descubrieron que estaban equivocados. Los científicos enseguida observaron que no podían seguir cortando árboles y colocando represas indefinidamente pues los efectos de tales acciones sobre la naturaleza pronto se hicieron ver.

Quienes llegaron a estas tierras inexploradas comprendieron enseguida que era necesario cuidar estas bellezas naturales para las generaciones futuras. El presidente Ulysses S. Grant declaró Yellowstone el primer parque nacional en 1872. Antes de que terminara el siglo, le siguieron los parques Sequoia y Yosemite.

En 1901, el presidente Theodore Roosevelt modificó la política gubernamental, que hasta ese momento había dejado a la gente hacer lo que quisiera con la

El presidente Theodore Roosevelt, aquí en un discurso en Wyoming, fue muy importante en la reglamentación territorial en el Oeste.

tierra. Así, puso 230 millones de acres (93.1 millones de hectáreas) de tierras bajo protección federal, más que el total combinado de sus precedesores en el cargo. En un discurso pronunciado en Kansas el 31 de agosto de 1910, Roosevelt dijo:

> De todas las cuestiones que puede plantearse esta nación, fuera de la preservación de su existencia en una gran guerra, no hay otra que se compare en importancia con la gran tarea central de dejar esta tierra a nuestros descendientes como un lugar todavía mejor de lo que es para nosotros.

El Servicio de Parques Nacionales se fundó en 1916. Había nacido el movimiento conservacionista.

insolvencia de la empresa. Finalmente, se terminó la ruta el 8 de septiembre de 1883.

Esto significaba que había tres rutas de este a oeste, y también se construyeron otras para conectar estos ferrocarriles. Al principio, los viajes eran difíciles, debido en parte a que la vida en el Oeste seguía siendo un poco ardua. El escritor Robert Louis Stevenson descubrió que las reglas usuales no se aplicaban en algunos sitios del Oeste. Así describe su viaje a bordo de un tren en 1879: "Todos hablaban inglés a mi alrededor pero yo sabía que estaba en tierras extranjeras".

El trazado del ferrocarril en la parte occidental del país hizo que fuese fácil para las personas trasladarse a otras secciones. Así lo hicieron, en gran número. En muchos casos, se dirigieron hacia la costa oeste, en particular a California, por su clima más templado y espacios abiertos. También se fueron quedando a lo largo del camino. Para 1900, al oeste de Misisipi, la población llegaba a 17 millones. Entre 1869 y 1900, Colorado, Dakota del Norte, Dakota del Sur, Montana, Washington, Idaho, Wyoming y Utah se convirtieron en estados.

Los ferrocarriles también crecieron. No pasó mucho tiempo antes de que las compañías acordaran un ancho normalizado para las vías. Esto permitía a los trenes pasar con facilidad de un lugar a otro. Los ferrocarriles pronto se convirtieron en los principales usuarios de madera y carbón en Estados Unidos. Una vez establecidas y conectadas las rutas, las empresas comenzaron a buscar formas para dar un mejor servicio a sus clientes. Esto condujo a la invención de dispositivos como los frenos automáticos.

Las ciudades comenzaron a crecer a lo largo de las rutas del ferrocarril: aún puede verse ese patrón en los mapas. Todos esos cruces de ferrocarril pronto se enfrentaron a un importante problema en su recorrido: cada ciudad fijaba su horario, basado en el amanecer y el atardecer. En otras palabras, un viajero que recorriera unas millas hacia el oeste, no tendría el reloj en la hora correcta. En 1883, para solucionar este problema, se aprobaron cuatro husos horarios en la zona continental de Estados Unidos.

## Hambrear a la oposición

En lugares donde difícilmente alguien hubiera vivido unos pocos años antes, algunos caseríos se transformaron en pueblos y algunos pueblos, en ciudades. La llegada de tanta gente a un territorio que había permanecido virtualmente intacto durante centenares de años creó complicaciones. Por ejemplo, manadas de bisontes habían deambulado por las Grandes Planicies hasta 1800, algunos estimados calculan la cifra entre treinta y sesenta millones. La población nativa siempre había dependido de estos animales como fuente de alimentación, ropa y protección; y los defendió, junto a su tierra, con una férrea determinación. Durante años había habido altercados entre los pobladores y soldados blancos y la población nativoamericana, algunos bastante salvajes por ambos lados; pero se habían firmado tratados para permitir que los viajeros cruzaran las tierras de los nativos en su ruta hacia el Oeste.

Sin embargo, los colonos seguían llegando, primero en caravanas de carretas y luego en mayores números por el ferrocarril. Los militares de Estados Unidos presentaron un plan. "Cada búfalo muerto es un indio que se va", dijo el coronel Richard Dodge en 1867. Cinco años más tarde, el secretario del Interior, Columbus Delano, escribió en su informe anual:

> La rápida desaparición de los animales de los antiguos terrenos de caza debe funcionar muy a favor de nuestros esfuerzos por confinar a los indios a zonas más pequeñas, y luego obligarlos a abandonar sus costumbres nómadas.

Los nativos americanos tenían pocas posibilidades de derrotar a los militares estadounidenses. Tuvieron algunos éxitos en la década de 1870; su última gran victoria fue la

Los cazadores usaban el ferrocarril para diezmar la población de bisontes en su esfuerzo por hacer pasar hambre a los nativos americanos. Las líneas del telégrafo corrían al costado de las vías.

derrota de los soldados del general George Armstrong Custer ante los hombres de Toro Sentado, en Montana, en 1876. Toro Sentado se rindió a las autoridades estadounidenses unos cinco años más tarde. Luego de esto hubo solo unos breves altercados. Para 1893 quedaban apenas unos cuatrocientos bisontes salvajes. Con frecuencia, los nativos americanos eran enviados a reservas y se les decía que debían ajustar sus vidas a las leyes y normas establecidas por el Gobierno de Estados Unidos. Fue un plan que jamás funcionó por completo y la población nativa ha debido enfrentar la pobreza y problemas culturales desde entonces.

## El escándalo expuesto

En cuanto al dinero, había que pagar un precio por los malabares financieros realizados por la Union Pacific y Crédit Mobilier. Por su parte, la Union Pacific había ganado 16.5 millones de dólares con el ferrocarril y a la larga eso causó sospechas. El *New York Sun* publicó un extenso artículo el 4 de septiembre de 1872, titulado "El rey de los fraudes —Cómo el Credit Mobilier se abrió camino en el Congreso". El subtítulo decía: "Soborno colosal —los legisladores que le han robado al pueblo y quiénes apoyan hoy al ladrón nacional". Unos meses después, el Congreso comenzó las investigaciones. Entre las personas que habrían recibido acciones estaban el vicepresidente Schuyler Colfax, el presidente de la Cámara de Representantes James Blaine, el futuro presidente James Garfield y once personas más. Solo dos

La carrera del vicepresidente Colfax se vio opacada por los escándalos.

personas del Congreso, Oakes Ames y James Brooks, fueron castigados con la **censura**. El resto apenas sufrió consecuencias por sus acciones.

El villano en esta parte de la historia es probablemente Thomas Durant, quien inició el fraude. Fue despedido por el presidente Ulysses S. Grant en 1869. Pero se dice que Durant se fue con millones en su cuenta bancaria. La justicia necesitó cuatro años para imponerse en este caso. Durant perdió gran parte de su fortuna en la crisis económica de 1873. Pasó sus últimos años tratando de combatir las demandas de sus encolerizados exsocios y falleció en 1885.

También hubo problemas en California. Los cuatro socios originales de la Central Pacific ganaron 40 millones de dólares en el proyecto, lo que le dejó a la empresa una impresionante deuda a ser pagada por las comunidades y el Gobierno federal.

Es fácil criticar los errores cometidos en la construcción del ferrocarril desde nuestro punto de vista, 150 años después. Es más importante recordar cómo afectó las vidas de costa a costa.

## Líneas de comunicación

Un punto de inicio es que se colocaron líneas de telégrafo a lo largo de las vías. Esto significó que todo el país había sido conectado por la primera "superautopista de información". Antes de que se tendieran las líneas a través del país, los ciudadanos con frecuencia tenían que depender de un servicio de correo irregular para enterarse sobre los sucesos nacionales. El telégrafo había acelerado notablemente ese proceso. Si se necesitaban detalles adicionales, entonces las cartas y los periódicos corrían veloces por el país sobre el ferrocarril.

También era posible enviar mensajes sobre transacciones financieras, lo que significaba que la nación estaba ahora vinculada en un gran mercado. Esto era importante porque el ferrocarril hizo que, para los empresarios, fuese mucho más fácil y barato transportar mercancías a través de grandes distancias. Ahora podían funcionar las compañías que servían a una gran parte del país, o también a toda la nación. En 1880, atravesaban el país cargas por valor de 50 millones de dólares. Las mercancías europeas podían llegar a la costa oeste con relativa facilidad y lo mismo era cierto para las mercancías asiáticas enviadas a la costa este.

Los viajes entraron en auge. Los representantes comerciales podían visitar a sus clientes con facilidad y expandir sus ventas. Personas que comenzarían a ser llamadas turistas tenían la libertad de ir a cualquier sitio del país. Los artistas podían presentar el mismo espectáculo de una costa a otra y jamás ser escuchados dos veces en el mismo lugar.

El ferrocarril representaba también una oportunidad económica. Durante años, las personas se habían aferrado a una parcela de tierra, a un negocio o a un trabajo específico. Cuando el proyecto del ferrocarril estuvo listo, pudieron con facilidad empacar sus posesiones, tomar un tren e iniciar una nueva vida en cualquier otro lado. Para el historiador George H. Douglas, esto fue "una verdadera declaración de independencia".

Quizás lo más importante es que el ferrocarril transcontinental le dio a Estados Unidos un sentido de unidad. Ese sentimiento había comenzado alrededor de la guerra de Secesión. El historiador Ken Burns destaca que al comienzo de la guerra de Secesión la gente decía: "Los Estados Unidos son…". Para el final de la guerra, esa misma gente diría: "Estados Unidos es…". Ahora todos los ciudadanos se mezclaban de formas jamás imaginadas antes en la historia del país.

Los estados estaban unidos. Finalmente se había cumplido el sueño de Abraham Lincoln.

# Cronología

Las fechas en color verde corresponden a hechos abordados en este volumen.

**28 de septiembre de 1542:** Juan Rodríguez Cabrillo "descubre" la California de la actualidad (aunque los pueblos indígenas habían vivido allí por cientos de años). Reclama esa región para España.

**30 de abril de 1803:** Durante la presidencia de Thomas Jefferson, Estados Unidos le compra a Francia 828,000 millas cuadradas (2.1 millones de km cuadrados) de tierras al oeste del río Misisipi en una transacción conocida como la Compra de Luisiana.

**14 de mayo de 1804:** Meriwether Lewis y William Clark parten de Camp DuBois con el Cuerpo de Descubrimiento para explorar el territorio adquirido en la Compra de la Luisiana e intentan encontrar una vía fluvial hacia la costa del Pacífico.

**25 de julio de 1814:** La locomotora *Blucher* de George Stephenson jala 30 toneladas (27 toneladas métricas) de carbón por una cuesta de 450 pies (137 m) en Inglaterra.

**3 de marzo de 1820:** Se aprueba el Compromiso de Misuri, en el que se excluye la esclavitud en los territorios de la Compra de la Luisiana al norte de la latitud 36°30′, salvo Misuri.

**2 de diciembre de 1823:** El presidente James Monroe declara que los continentes americanos "no deben ser considerados ya como objeto de futuras colonizaciones por parte de las potencias europeas". Este principio pasaría a ser conocido como la doctrina Monroe. Junto con el Destino Manifiesto, respalda la expansión hacia el Oeste.

**28 de mayo de 1830:** El presidente Andrew Jackson promulga la Ley de Traslado Forzoso de los Indios, que permite el traslado de los nativos americanos de sus tierras ancestrales en el Este a territorios despoblados al oeste de Misisipi.

**2 de marzo de 1836:** En medio de la guerra contra México, Texas se declara independiente de México. La guerra termina y Texas se convierte en un territorio independiente. La cuestión de la esclavitud demora su ingreso a Estados Unidos por casi una década.

**22 de mayo de 1843:** Un grupo de mil personas parte en una caravana de carretas desde Independence, Misuri, a través de lo que sería conocido como la Senda de Oregón hacia el territorio de Oregón. Le seguiría una ola de migración a gran escala.

**28 de enero de 1845:** Asa Whitney propone al Congreso que subvencione el ferrocarril hacia el océano Pacífico.

**Julio–agosto de 1845:** John L. O'Sullivan acuña el término "Destino Manifiesto" en un artículo sobre la anexión de Texas publicado en *United States Magazine and Democratic Review.*

**10 de febrero de 1846:** Los miembros de la Iglesia de Jesucristo de los Santos de los Últimos Días (mormones) parten de Illinois para escapar de la persecución y se dirigen al Oeste, a territorios controlados en aquella época por México. Se instalaron en el valle del Gran Lago Salado (Great Salt Lake) en Utah.

**25 de abril de 1846:** Comienza la guerra Mexicano-Estadounidense, librada por la frontera disputada entre Texas y México.

**24 de enero de 1848:** James Marshall descubre oro en el molino de John Sutter en California. Marshall y Sutter tratan de mantener el descubrimiento en secreto.

**2 de febrero de 1848:** Representantes de Estados Unidos y México firman el Tratado de Guadalupe Hidalgo, que pone fin a la guerra entre Estados Unidos y México, y le otorga a Estados Unidos más de 500,000 millas$^2$ (1.3 millones km$^2$).

**9 de septiembre de 1850:** California se convierte en el estado número 31 de la Unión.

**30 de diciembre de 1853:** Estados Unidos compra 29,670 millas$^2$ (76,845 km$^2$) a México en una transacción conocida como el Tratado de Gadsden. El área luego pasaría a formar parte de Arizona y Nuevo México.

**30 de mayo de 1854:** El Congreso sanciona la Ley de Kansas-Nebraska, que anula el Compromiso de Misuri y establece que el factor determinante para permitir la existencia de la esclavitud en un estado será la soberanía popular.

**Julio de 1860:** Theodore Judah encuentra una posible ruta para el ferrocarril desde California a través de la Sierra Nevada cuando explora el área cercana al paso Donner.

**Noviembre de 1860:** Se crea la Central Pacific Railroad Company.

**20 de mayo de 1862:** El presidente Abraham Lincoln firma la Ley de Asentamientos Rurales, que les otorga a los colonos 160 acres (65 hectáreas) de tierras públicas al oeste del Misisipi, si vivían en ellas durante cinco años consecutivos. La oposición de los grupos a favor de la esclavitud había derrotado esfuerzos previos por aprobar una legislación similar.

**1 de julio de 1862:** Abraham Lincoln firma la Ley del Ferrocarril del Pacífico, que otorga ayuda para la construcción del ferrocarril transcontinental desde Council Bluffs, Iowa, hasta la costa del Pacífico. El ferrocarril se construye entre 1863 y 1869.

**8 de enero de 1863:** El gobernador de California Leland Stanford encabeza la ceremonia de inicio de obras para la nueva línea de ferrocarril en Sacramento.

**2 de diciembre de 1863:** Comienzan las obras de la Union Pacific en Omaha, Nebraska.

**1 de julio de 1864:** El Congreso aprueba otro proyecto de ley para regular el ferrocarril, mucho más generoso que la ley de 1862.

**Primavera de 1865:** La Central Pacific comienza a excavar túneles a través de la Sierra Nevada.

**10 de julio de 1865:** La Union Pacific comienza la construcción con la colocación del primer riel en Omaha.

**6 de octubre de 1866.** La Union Pacific cruza el meridiano 100 en Nebraska, lo que le da al ferrocarril el exclusivo derecho de continuar la línea hacia el Oeste.

**28 de agosto de 1867:** Los obreros de la Central Pacific terminan de hacer explotar lo que se conocería como el túnel Summit.

**30 de noviembre de 1867:** Los directivos de la Central Pacific festejan la finalización de la línea férrea hacia el este de la Sierra Nevada.

**16 de abril de 1868:** Las cuadrillas de la Union Pacific llegan al punto más alto de la ruta, la cima Sherman, a 8,200 pies (2,500 m) en Wyoming.

**8 de abril de 1869:** Representantes del ferrocarril se reúnen en Washington y acuerdan el encuentro de sus líneas al norte del Gran Lago Salado, en Utah.

**10 de mayo de 1869:** Los trabajadores unen las vías de la Union Pacific y de la Central Pacific Railroad en la Cima del Promontorio, en Utah. Los pasajeros pueden ahora viajar desde Nueva York a California en apenas ocho días.

**4 de septiembre de 1872:** Un periódico revela la corrupción en la construcción del ferrocarril transcontinental.

**25 de marzo de 1873:** La Union Pacific inaugura el puente sobre el río Misuri, lo que permite viajar en tren de Nueva York a San Francisco.

**25 de junio de 1876:** Varias tribus juntas derrotan a las unidades del 7.° Regimiento de Caballería, al mando del general George Custer, en la batalla de Little Bighorn.

# Glosario

**abolicionista** alguien que quería poner fin a la esclavitud.

**afluente** río o curso de agua que fluye hacia un río de mayor tamaño.

**bono** papel que posee valor financiero y que puede ser negociado por las personas. Puede ser una acción, un bono o una escritura sobre tierras.

**censurado** profunda desaprobación expresada, por lo general de manera formal, contra un miembro del Congreso.

**derecho de paso** el derecho a cruzar por la propiedad de otra persona.

**Destino Manifiesto** una creencia popular durante el siglo XIX de que Estados Unidos debía extenderse, y lo haría, a través del continente norteamericano hacia el océano Pacífico.

**dividendos** dinero pagado por las empresas a sus accionistas procedente de las ganancias obtenidas.

**emigrantes** personas que se trasladan, para vivir, de un lugar a otro lugar o a otro país.

**Grandes Planicies** una pradera relativamente plana al este de las montañas Rocallosas que se extiende desde Canadá hasta Texas.

**inaugurar** dar principio a una cosa con cierta solemnidad o abrir solemnemente un establecimiento público. En inglés, este término, "inaugurate", también puede traducirse como "investir", que significa conferir un cargo importante, por ejemplo, investir al presidente de Estados Unidos.

**plataforma** un grupo de metas formales, con frecuencia publicado, que destaca las posiciones y filosofías de un partido político o candidato específico.

**reconocimientos** viajes destinados a recabar información específica.

**relevamiento** examinación de un territorio y uso de las observaciones y mediciones para elaborar documentos, como mapas o informes.

**Revolución Industrial** la rápida evolución de la industria debido al uso de maquinarias recién desarrolladas. Con frecuencia se asocia con la Gran Bretaña de fines del siglo XVIII y principios del XIX.

**secesión** el acto de retirarse de una unión federal o de una organización política o religiosa.

**telégrafo** dispositivo usado para enviar mensajes por cable mediante conexiones y desconexiones.

**topografía** la disposición de las peculiaridades físicas naturales, como montañas y ríos, en una zona particular.

**zona intermedia** zona que impide que la gente o las naciones entren en contacto entre sí.

# Para más información

## Libros

Ambrose, Stephen E. *Nothing Like It in the World: The Men Who Built the Transcontinental Railroad 1863–1869*. Nueva York: Simon & Schuster, 2000.

Bain, David Haward. *Empire Express: Building the First Transcontinental Railroad*. Nueva York: Viking, 1999.

Borneman, Walter R. *Rival Rails: The Race to Build America's Greatest Transcontinental Railroad*. Nueva York: Random House, 2010.

Cadbury, Deborah. *Dreams of Iron and Steel: Seven Wonders of the Nineteenth Century, from the Building of the London Sewers to the Panama Canal*. Nueva York: Fourth Estate, 2003.

Douglas, George H. *All Aboard!: The Railroad in American Life*. Nueva York: Paragon House, 1992.

## Sitios de internet

**Central Pacific Railroad Photographic History Museum**
http://cprr.org

Este sitio web contiene abundante información sobre el ferrocarril transcontinental y contiene unas 4,500 fotografías. Puede ser difícil de navegar, pero su lectura es fascinante.

**Tribus de nativos americanos y gobierno de Estados Unidos**
http://www.victoriana.com/history/nativeamericans.html

La historia de los nativos americanos durante la segunda mitad del siglo XIX es larga y complicada. Este sitio web proporciona una buena panorámica sobre el tema.

**PBS: El ferrocarril transcontinental**
http://www.pbs.org/wgbh/americanexperience/films/tcrr

PBS ha destinado una gran cantidad de espacio al proyecto del ferrocarril y tiene diversos vínculos y otros documentos. También vale la pena ver la película.

# Bibliografía


## Libros

Ambrose, Stephen E. *Nothing Like It in the World: The Men Who Built the Transcontinental Railroad 1863-1869.* Nueva York: Simon & Schuster, 2000.

Bain, David Haward. *Empire Express: Building the First Transcontinental Railroad.* Nueva York: Viking, 1999.

Borneman, Walter R. *Rival Rails: The Race to Build America's Greatest Transcontinental Railroad.* Nueva York: Random House, 2010.

Cadbury, Deborah. *Dreams of Iron and Steel: Seven Wonders of the Nineteenth Century, from the Building of the London Sewers to the Panama Canal.* Nueva York: Fourth Estate, 2003.

Douglas, George H. *All Aboard!: The Railroad in American Life.* Nueva York: Paragon House, 1992.

Solomon, Brian. *Union Pacific Railroad.* Osceola, WI: MBI Publishing, 2000.

## Artículos en línea

"Asa Whitney (1791–1874) and Early Plans for a Transcontinental Railroad." PBS. Consultado el 5 de septiembre de 2016. http://www.pbs.org/wgbh/americanexperience/features/general-article/tcrr-whitney.

"Basic Facts About the Oregon Trail." Bureau of Land Management. Consultado el 5 de septiembre de 2016. http://www.blm.gov/or/oregontrail/history-basics.php.

Beard, Rick. "Working on the Railroad." *New York Times*, 11 de julio de 2012. http://opinionator.blogs.nytimes.com/2012/07/11/working-on-the-railroad/?_r=0.

Bellis, Mary. "History of the Railroad: George Stephenson." About.com, 3 de febrero de 2016. http://inventors.about.com/od/sstartinventors/a/Stephenson.htm.

"Building the Transcontinental Railroad." Biblioteca del Congreso. Consultado el 7 de septiembre de 2016. http://www.loc.gov/teachers/classroommaterials/presentationsandactivities/presentations/timeline/riseind/railroad/trans.html.

Central Pacific Railroad Photographic History Museum. Consultado el 12 de septiembre de 2016. http://cprr.org/Museum/FAQs.html.

"Chinese Immigration and the Transcontinental Railroad." Ciudadanía de Estados Unidos. Consultado el 30 de agosto de 2016. https://www.uscitizenship.info/Chinese-immigration-and-the-Transcontinental-railroad.

"Completing the Transcontinental Railroad, 1869." EyeWitness to History.com. Consultado el 30 de agosto de 2016. http://www.eyewitnesstohistory.com/goldenspike.htm.

"The Compromise of 1850." UShistory.org. Consultado el 14 de septiembre de 2016. http://www.ushistory.org/us/30d.asp.

"Comstock Lode." Enciclopedia online de Nevada. Consultado el 14 de septiembre de 2016. http://www.onlinenevada.org/articles/comstock-lode.

"Historic Speeches: James Polk, 1848 State of the Union Address, December 5, 1848." PresidentialRhetoric.

com. Consultado el 21 de septiembre de 2016. http://www.presidentialrhetoric.com/historicspeeches/polk/stateoftheunion1848.html.

Jawort, Adrian. "Genocide by Other Means." *Indian Country Today*, 9 de mayo de 2011. http://indiancountrytodaymedianetwork.com/2011/05/09/genocide-other-means-us-army-slaughtered-buffalo-plains-indian-wars-30798.

"Original Journals of the Lewis and Clark Expedition, 1804–1806." W. W. Norton & Company. Nueva York: Dodd, Mead, 1905. Consultado el 14 de septiembre de 2016. http://www.wwnorton.com/college/history/archive/resources/documents/ch09_03.htm.

Perry, Douglas. "The Lewis and Clark Expedition." Archivos nacionales. Consultado el 5 de septiembre de 2016. https://www.archives.gov/education/lessons/lewis-clark.

Rochester, Junius. "Oregon Territory, Establishment of." History Link, 17 de abril de 2003. http://www.historylink.org/File/5446.

*Smithsonian Magazine*. "Lewis and Clark: The Journey Ends." *Smithsonian*, diciembre de 2005. http://www.smithsonianmag.com/history/lewis-and-clark-the-journey-ends-110100664/#GC5euHjOZRDbsOb6.99.

"Timeline: Transcontinental Railroad." PBS. Consultado el 6 de septiembre de 2016. http://www.pbs.org/wgbh/americanexperience/features/timeline/tcrr-timeline

"Traveling on an Emigrant Train." EyeWitness to History.com. Consultado el 20 de septiembre de 2016. http://www.eyewitnesstohistory.com/emigranttrain.htm.

# Índice

La página y los números en **negrita** corresponden a ilustraciones. Las entradas en **negritas** son términos del glosario.

# Acerca del autor

**BUDD BAILEY** es periodista deportivo y redactor del *Buffalo News* desde 1993. Anteriormente, trabajó para el equipo de hockey Buffalo Sabres y WEBR Radio. Este es su séptimo libro, incluyendo cuatro para Cavendish Square. Budd y su esposa Jody viven en Buffalo, Nueva York. A ambos les encanta viajar por Estados Unidos y han visitado los cincuenta estados. En uno de sus viajes visitaron la Cima del Promontorio, en Utah.